ESPACIO LIBRO DE COLOREAR

I0765088

Este libro pertenece a:

Página de prueba de color

HELLO, SPACE!

Gracias por comprar este libro.

Si te gusta el libro, considera dejar un comentario,
esto ayudará al autor a crear mejores libros en el futuro.

www.amazon.es/Katrin-Stark